ÁLVARO NÚÑEZ

Gafas y Ruedas

GW00467852

¡Atrapa al bufón!

© Del texto y de las ilustraciones: Álvaro Núñez Sagredo
© De esta edición: Grupo Anaya, S. A. 2019

Equipo editorial
Coordinación: Milagros Bodas
Edición: Sonia de Pedro
Ilustraciones: Álvaro Núñez Sagredo
Diseño, maquetación de interiores y cubierta: Carolina García

Depósito legal: M-702-2019
ISBN: 978-84-698-5699-4
Printed in Spain

Las normas ortográficas seguidas en este libro son las establecidas por la Real Academia Española en su última edición de la *Ortografía*.

Presentación

La colección Gafas y Ruedas ofrece lecturas tipo cómic para enseñar español en un contexto tanto narrativo como visual. A través de la intriga de las aventuras de los dos protagonistas, Gafas y Ruedas, el estudiante irá reforzando, asimilando y ampliando estructuras, frases hechas, formas verbales y vocabulario. Las posibilidades de un cómic son excelentes para ayudar al estudiante a deducir el significado y la intención de los textos gracias al apoyo visual de las viñetas.

Además de ofrecer una historia divertida y atractiva, en esta colección se incluyen actividades para antes y después de la lectura, tanto para comprobar la comprensión lectora como para fijar el léxico y trabajar estructuras gramaticales que aparecen en la historia.

Hemos optado por subrayar con color rojo aquellas expresiones y palabras que se trabajan en las actividades de léxico al final del libro.

1 Aquí tienes a Gafas y a Ruedas, los protagonistas de nuestra aventura. Descríbelos según estos ejemplos. Fíjate en las indicaciones.

- ¿Cómo es? - ¿Cómo tiene el pelo? - ¿Qué ropa lleva?

Ej.: *Tiene el pelo largo y lleva gafas.*

2 Gafas y Ruedas van al mismo instituto en Madrid. ¿Qué sabes de esta ciudad? Te presentamos varios museos, ¿sabes cuál está en Madrid?

a) Museo Guggenheim   c) Museo del Louvre
b) Museo del Prado   d) El MOMA

3 ¿Cuál de estas imágenes es el museo del Prado?

4 ¿Has visitado alguna vez el museo del Prado? Te proponemos este enlace para entrar y conocer uno de los cuadros más famosos de Velázquez. ¿Reconoces el primer cuadro que sale en la visita? Averigua cómo se llama.
www.museodelprado.es/visita-el-museo

5 ¿Conoces este otro cuadro de Velázquez? Se llama *El bufón el Primo*. Fíjate en él y describe su físico y carácter.

6 Gafas y Ruedas, los protagonistas de esta aventura, se mueven por la ciudad en metro. ¿Qué otras formas de moverte por la ciudad conoces? Escríbelas.

7 Estas palabras aparecen en nuestra historia, relaciónalas con su definición correspondiente.

Caricatura
Retrato
Broma
Riquísima
Simulacro
Talento

1. Representación de una persona en dibujo, pintura o fotografía.
2. Muy bueno de sabor.
3. Retrato que deforma los rasgos característicos de una persona, con intención humorística.
4. Acción que se realiza imitando un suceso real para tomar las medidas necesarias de seguridad cuando ese suceso se produce de verdad.
5. Aptitud especial de una persona para realizar con mucha habilidad una actividad.
6. Acción para divertir o hacer reír exagerando la realidad o mostrando como cierto algo que no lo es.

Esta mañana ha empezado
mi nueva vida.

¡PAULA!
¡LEVÁNTATE
DE LA CAMA!
¡VAS A LLEGAR
TARDE!

YA VOY...

Me gusta esta ciudad.

Desde que llegamos el sol ha salido todos los días.

Pero no necesito verlo tan pronto.

ME MUERO DE SUEÑO.

¡PAPÁ! ¿DÓNDE ESTÁ EL SUAVIZANTE PARA EL PELO QUE TE PEDÍ?

Papá es muy pesado.

PAPÁ, ¡YA BASTA!

NO QUIERO HABLAR DE ESO...

Pero reconozco que se esfuerza.

VALE, HIJA, ESTÁ BIEN.

¿QUÉ TAL ESTÁ LA TOSTADA?

¡ESTÁ QUEMADA!

UMMMMM. ¡RIQUÍSIMA, PAPÁ!

Los dos nos esforzamos.

Todavía me llama "princesa", pero he conseguido poder ir sola al instituto.

Ya puedes imaginar que ha sido muy difícil convencerle.

La semana pasada me acompañó e hicimos juntos el trayecto de casa al instituto diez veces.

¡Diez veces!

Esta mañana, en el metro, me sentía triste.

Ha sido solo un momento. Creo que nadie en el vagón lo ha notado.

¿POR DÓNDE VOY AL INSTITUTO?

¡NO ME ACUERDO!

PAULA, TRANQUILA...

¿QUÉ HORA ES?

¡LAS OCHO Y VEINTE!

MADRE MÍA: ¡LLEGO TARDE SEGURO!

¿CÓMO SE LLAMA EL INSTITUTO?

"FEDERICO GARC... LORCA".

¡MIERDA! ¡NO TENGO DAT...

PERDONA, BUSCAS EL INSTITUTO, ¿VERDAD?

MI HIJO TAMBIÉN VA AL INSTITUTO. ESTÁ MUY CERCA DE AQUÍ.

TRANQUILA, TE ACOMPAÑO HASTA LA PUERTA.

¿ENTONCES ERES NUEVA?

¿POR QUÉ HAS VENIDO SOLA EL PRIMER DÍA?

¿NO TIENES CALOR CON ESE JERSEY, CARIÑO?

HEMOS LLEGADO: ESTE ES EL INSTITUTO.

CORRE, YA HAN ENTRADO TODOS.

ngo que reconocerlo...

AY, AY, AY, NO LLEGOOO.

¿DÓNDE ESTÁ LA CLASE DE TERCERO?

ESCALERA DE ENFRENTE. TERCER PISO A LA DERECHA.

Desde que no estás, todo se me hace cuesta arriba.

Intento disimular que no pasa nada.

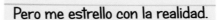

Pero me estrello con la realidad.

14

LO SIENTO...

ADELANTE.

TOC TOC

PASA, PASA...
LLEGAR TARDE EL PRIMER DÍA
NO ESTÁ NADA BIEN. ERES NUEVA,
¿VERDAD?
¿CÓMO TE LLAMAS?

GLUPS

ME LLAMO
PAULA.

No he entrado en el instituto con buen pie.
¡Es normal! No es fácil adaptarse
muy rápido a una nueva vida.

Pero no pierdo la esperanza.

Tú me enseñaste desde pequeña
a sonreír cuando las cosas
no van bien.

Es difícil, pero lo intento. De verdad que lo intento.
Escribirte todas las noches me ayuda.
Imagino que sigues aquí, con papá y conmigo.
Ya sabes que tengo mucha imaginación...

PAULA,
¡A CENAR!

DÍA SIGUIENTE, EN EL INSTITUTO...

BUENOS DÍAS A TODOS.

ME LLAMO ALBERTO Y SOY VUESTRO PROFESOR DE FÍSICA Y QUÍMICA.

TODOS NOSOTROS SEGUIMOS LAS LEYES DE LA FÍSICA, ¿VERDAD?

¿SEGURO, PROFESOR?

YO CREO QUE LA NUEVA VIENE DE OTRO PLANETA...

JA JA JA JA JA JA JA JA JA JA JA JA

¡SILENCIO, GONZÁLEZ! SI QUIERES HACER COMENTARIOS, HAZLOS EN VOZ ALTA Y TE ESCUCHAMOS TODOS.

¿SABES LA NOTICIA?

ES UNA TÍA MUY RARA.

ATROPELLÓ A ÁLEX ¡Y LO TIRÓ AL SUELO!

ME CAE FATAL.

Los recreos no son mucho mejores...

ESA CHICA TIRÓ A ÁLEX DE LA SILLA, ¿NO?

¡SÍ! CREO QUE ES UNA ANTIPÁTICA.

¡QUÉ HORR...

¿POR QUÉ VA VESTIDA DE NEGRO?

PORQUE CREE QUE EL GÓTICO TODAVÍA ESTÁ DE MODA.

ES UNA RARA...

LE GUSTA LLAMAR LA ATENCIÓN.

ES UNA LOCA.

QUÉ ASCO DA...

¿Por qué hablan de mí sin conocerme?

PIII PIII

Cuando era pequeña me pasaba las horas muertas dibujando.

¡Hum...! Es una frase que no entiendo muy bien, pues pocas veces me siento más viva que cuando estoy dibujando... y más acompañada.

TIENES RAZÓN, GONZÁLEZ.

SON BUENOS, MUY BUENOS

¿POR QUÉ TIENE ESCONDIDAS EN SU MOCHILA ESTAS OBRAS MAESTRAS, SEÑORITA SAGREDO?

NOSOTROS TAMBIÉN QUEREMOS DISFRUTAR DE SU ARTE.

ESTOY SEGURO DE QUE A TODOS LOS PROFESORES LES ENCANTARÁ VER SUS RETRATOS TANTO COMO A MÍ.

PLÁSTICA

¡BAJITO!

LE DIGO LA VERDAD, SEÑORITA SAGREDO. E PASADO MUCHOS AÑOS ENTRE LOS MAESTROS DE LA PINTURA Y SÉ RECONOCER EL TALENTO.

¡VAMOS A VER SI EL DIRECTOR TIENE MI MISMA SENSIBILIDAD!

PAULA, ESTO NO PUEDE SER, NO HA PASADO UNA SEMANA ¡Y YA ME HA LLAMADO EL DIRECTOR!

¿EN QUÉ ESTABAS PENSANDO CUANDO HICISTE ESAS CARICATURAS?

SI TIENES PROBLEMAS EN EL COLE, ME LO DICES. NO TIENES POR QUÉ MENTIRME.

YA SÉ QUE ECHAS DE MENOS A MAMÁ. YO TAMBIÉN.

PERO AHORA TIENES QUE CONFIAR EN MÍ. SOMOS UN EQUIPO, PRINCESA.

MIRA, AHORA QUE LO SÉ TODO, YO CREO QUE ESE ÁLEX LO ESTÁ PASANDO MAL. MUCHAS VECES LAS PERSONAS QUE SUFREN HACEN MÁS DAÑO QUE OTRAS...

...PERO ESTO NO PUEDE CONTINUAR.

ME TIENES QUE DECIR TODA LA VERDAD SI SIGUE ASÍ Y SE METE CONTIGO.

AH, Y ENSÉÑAME ESAS CARICATURAS. ¡SEGURO QUE SON BUENÍSIMAS! NO SABES CÓMO ESTABA EL DIRECTOR...

TODOS SABEMOS QUE LA NUEVA COMPAÑERA... PAULA CREO QUE SE LLAMA, ES MUY TORPE...

YO CREO QUE ES MEJOR NO CONTAR CON ELLA PARA EL SIMULACRO.

YO ME QUEDARÉ MÁS TRANQUILO.

JA JA JA JA JA JA JA JA JA JA JA JA JA

Supongo que dibujar también me ayuda.
Y no hago mal a nadie.
Si no ven mis dibujos, claro.

No te he hablado todavía de Álex.

QUÉ RARO, NO VEO A ÁLEX POR NINGUNA PARTE...

Estoy segura de que Álex lo está pasando mal.

¡ÁLEX!

¡NO PUEDE SER! ¿QUÉ HACES AQUÍ, GAFAS? ¿HAS VENIDO A REMATARME?

¡YA ESTÁ BIEN!

¡YA ME HE CANSADO DE TI!

¿QUIÉN TE CREES QUE ERES? TUS COMPAÑEROS ESTÁN TODO EL DÍA HACIÉNDOTE LA PELOTA... ¡NO ERES TAN IMPORTANTE! NO TIENES NINGÚN DERECHO A TRATAR MAL A NADIE.

TÚ NO ERES NI MÁS NI MENOS QUE NADIE.

¿ESTÁ CLARO?

HE VENIDO A BUSCARTE PORQUE HE SIDO LA ÚNICA PERSONA QUE SE HA DADO CUENTA DE QUE NO ESTABAS EN EL PATIO.

PENSÉ QUE TE ENCONTRABAS MAL PORQUE NO TE VEÍA, Y SUBÍ A BUSCARTE, PERO YA SABES QUE ME CAES FATAL...

¿PUEDES AYUDARME A LEVANTARME, POR FAVOR?

CLARO, PARA ESO HE VENIDO.

ME HA GUSTADO CUANDO ME HAS LLAMADO GAFAS.

PERO SI YO SOY GAFAS, TÚ TIENES QUE SER RUEDAS.

Recuerdo que siempre decías que hay que dar otra oportunidad a las personas.

"GAFAS Y RUEDAS", ¡ME ENCANTA!

¿QUÉ HACÉIS AQUÍ?

VOSOTROS DOS TENÉIS QUE ESTAR CON LOS DEMÁS...

YA ESTÁN TODOS FUERA.

¿PODEMOS SENTARNOS UN MOMENTO?

¡CLARO!

DIME... ¿QUÉ QUIERES? ¿PASA ALGO?

LO SIENTO MUCHO. HE SIDO UN IMBÉCIL.

SÍ, Y UN CHULO.

ESTO... SÍ... UN CHULO TAMBIÉN...

VALE.

DISCULPAS ACEPTADAS.

MI MADRE SIEMPRE DECÍA QUE HAY QUE DAR UNA SEGUNDA OPORTUNIDAD A LAS PERSONAS.

TODOS NOS EQUIVOCAMOS ALGUNA VEZ.

HAS UTILIZADO EL PASADO PARA HABLAR DE TU MADRE...

ESO QUIERE DECIR QUE...

SÍ, MURIÓ EL AÑO PASADO.

PERDIÓ LA VIDA EN UN ACCIDENTE DE TRÁFICO.

MI PADRE Y YO DECIDIMOS CAMBIAR DE CIUDAD Y COMENZAR UNA NUEVA VIDA.

VAYA... LO SIENTO.

LO SIENTO MUCHO.

También decías que son más las cosas que unen a las personas que las cosas que las separan.

UN CONDUCTOR BORRACHO SE PASÓ EL SEMÁFORO MIENTRAS CRUZABA Y ME ATROPELLÓ.

OCURRIÓ HACE DOS MESES.

VOLVÍA A CASA DESPUÉS DE ENTRENAR CON MI EQUIPO DE FÚTBOL.

LO SIENTO MUCHO, ÁLEX.

LOS ALUMNOS YA PUEDEN SUBIR.

¿SABES UNA COSA?

¡A MÍ TAMBIÉN ME GUSTA MUCHO CÓMO SUENA "GAFAS Y RUEDAS"!

¿DE VERDAD?

LO DIJE PARA MOLESTAR.

ESTABA MUY ENFADADA CONTIGO.

¡PRECISAMENTE POR ESO! ÚLTIMAMENTE TODO EL MUNDO A MI ALREDEDOR SOLO ME DA LA RAZÓN.

¡NADIE SE HA ATREVIDO A DECIRME QUE ME ESTABA COMPORTANDO COMO UN IDIOTA!

¡GAFAS Y RUEDAS MOLA!

34

"La vida te da sorpresas, sorpresas te da la vida".

Recuerdo muy bien cuánto te gustaba cantar esa canción.

¡Y cuánta razón tiene!

Parece imposible de creer, pero Álex y yo ahora somos los mejores amigos del mundo.

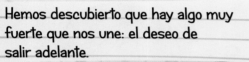

Hemos descubierto que hay algo muy fuerte que nos une: el deseo de salir adelante.

¡CHOCOLATE!

Papá tenía razón.

Y entiendo por qué te enamoraste de él.

ES MI PADRE, QUE ES UN PESADO ...

CREE QUE TENGO TODAVÍA CINCO AÑOS...

BUENOS DÍAS A TODOS. POR FIN HA LLEGADO EL DÍA QUE ESTÁBAMOS ESPERANDO.

VALE, QUIERO CREER QUE VUESTRO SILENCIO INDICA QUE ESTÁIS IGUAL DE EMOCIONADOS QUE YO...

HOY VAMOS A VISITAR UNO DE LOS LUGARES MÁS IMPRESIONANTES DEL MUNDO.

VAMOS A DISFRUTAR DE LA COMPAÑÍA DE MUCHAS OBRAS DE ARTE...

¿QUIÉN ES ESE?

VELÁZQUEZ, ¡BURRO!

¡SACA UNA FOTO!

Hoy el nuevo profe de Plástica nos ha llevado a conocer el museo del Prado.

Y la verdad es que impresiona.

Don Salvador Murillo, nuestro profesor, es un tipo raro.

VAMOS PRIMERO A LA SALA DE VELÁZQUEZ, QUIZÁS EL MEJOR PINTOR DE LA HISTORIA.

Pero sabe un montón.

¡VAYA! ¡ESTE TIPO ME RECUERDA A ALGUIEN!

"EL BUFÓN EL PRIMO".

¡Me encanta ver cuadros!
Lo malo es que no me dio
tiempo a ver muchos.
La visita fue genial, pero muy corta.

40

¡VOY A PONER VERDE AL DIRECTOR!

¿CÓMO ES POSIBLE? UN DIRECTOR DE INSTITUTO NO PUEDE OLVIDAR A DOS ALUMNOS EN UNA SITUACIÓN ASÍ.

¡TIENE QUE DESPEDIR A ESE PROFESOR DE PLÁSTICA!

CUANDO HE IDO A RECOGEROS HE VISTO A LA POLICÍA Y A MUCHOS BOMBEROS. ¡CASI ME DA UN ATAQUE AL CORAZÓN!

¡LO ESTÁN DICIENDO EN LAS NOTICIAS!

... Y AHORA VAMOS CON EL EXTRAÑO ROBO DE ESTA TARDE EN EL MUSEO DEL PRADO.

CON LA EXCUSA DE UN FALSO AVISO DE BOMBA, LOS LADRONES HAN APROVECHADO EL CAOS DE LOS PRIMEROS MINUTOS PARA ROBAR UNA DE LAS OBRAS MAESTRAS DEL MUSEO.

SE TRATA DEL CUADRO "EL BUFÓN EL PRIMO" DEL MAESTRO VELÁZQUEZ.

ÁLEX

Gafas, mira la tele.

Álex y yo ahora somos detectives.

Empezamos a sospechar del profesor de Plástica y decidimos seguirle después de clase.

MIRA, ABRE CON SUS LLAVES. ENTRA.

VAMOS A VER EN QUÉ PISO SE ENCIENDE LA LUZ.

¡VIVE EN EL TERCERO!

Piiii

¿QUIÉN ES?

VENGO A ENTREGAR LA PIZZA.

¿PIZZA? AQUÍ NO HEMOS PEDIDO PIZZA...

AY, PERDONE, ¡ME CONFUNDÍ DE PISO! ¿ME PUEDE ABRIR?

Afortunadamente, a los dos nos encanta leer las novelas de Sherlock Holmes.

¡YA ESTAMOS DENTRO!

Fuimos directos a los buzones de la casa y buscamos el nombre de nuestro profesor.

¡AQUÍ NO VIVE NADIE LLAMADO SALVADOR MURILLO!

¡REALMENTE, ESTO ES MUY FÁCIL! SIMPLEMENTE ESCRIBIMOS SU NOMBRE EN LAS LISTAS DEL MINISTERIO DE EDUCACIÓN ¡Y PODEMOS TENER UNA FICHA COMPLETA CON SUS DATOS Y SU DIRECCIÓN!

¡VAMOS A MI CASA!

En casa de Álex me di cuenta por qué saca sobresaliente en Tecnología...

¡NO HAY NINGÚN PROFESOR DE PLÁSTICA CON EL NOMBRE DE SALVADOR MURILLO!

ES UN IMPOSTOR.

¡TENGO UNA IDEA!

VOY A ESCRIBIR UNO A UNO LOS NOMBRES DE LAS PERSONAS QUE VIVEN EN EL TERCER PISO.

VAMOS A VER QUÉ ENCUENTRO...

¿CÓMO SE LLAMA LA PERSONA QUE VIVE EN EL 3.º A?

LEOCADIO MORA.

¡QUÉ FUERTE! NUESTRO SALVADOR MURILLO SE LLAMA EN REALIDAD LEOCADIO MORA Y ¡FUE VIGILANTE DEL MUSEO DEL PRADO HACE DIEZ AÑOS!

LO DICE EN ESTE EXPEDIENTE. PERO ESPERA, HAY MÁS: ¡LE DESPIDIERON DEL MUSEO POR QUERER IMPEDIR EL TRASLADO DE UN CUADRO A UNA EXPOSICIÓN EN JAPÓN!

¿IMAGINAS DE QUÉ CUADRO SE TRATABA?

¡"EL BUFÓN EL PRIMO" DE VELÁZQUEZ!

46

47

EL RETRATO DEL BUFÓN EN EL CUADRO DE VELÁZQUEZ ERA UNO LLAMADO "EL PRIMO"...

... Y ESO MISMO ES USTED: ES UN PRIMO. ¡QUEDA USTED DETENIDO!

En casa del profesor de Plástica la policía encontró el cuadro.

Lo devolvieron al museo rápidamente.

También encontraron una cinta de vídeo de seguridad del colegio del día del aviso de bomba.

¿TE ACUERDAS, GAFAS, CUANDO LE VIMOS SALIR DEL ASCENSOR?

ÉL CONVENCIÓ AL DIRECTOR. LA IDEA DEL SIMULACRO FUE SUYA. ASÍ SABÍA CUÁNTO TARDABA LA POLICÍA EN LLEGAR Y CÓMO ACTUABA.

El director nos puso la medalla del colegio en un acto solemne.

Y a mí me devolvió mis dibujos.

En clase ya nadie nos llamaba por nuestros nombres.

¡VIVAN GAFAS Y RUEDAS!

¡VIVAN!

48

ENTREVISTAMOS A LOS JÓVENES QUE RECUPERARON EL CUADRO ROBADO GAFAS Y RUEDAS: "NOS ENTENDEMOS MUY BIEN PORQUE SABEMOS PONERNOS EN EL LUGAR DEL OTRO."

¿Qué te parece? ¡Tu hija sale en la portada de los mejores periódicos de Madrid!

Es de locos...

Por fin me siento feliz en mucho tiempo.

Tanto, que he guardado el jersey negro en mi armario.

No te imaginas qué contento está papá.

¡NO ME LO PUEDO CREER!

Fin

Actividades de comprensión lectora

1 Lee estos enunciados y contesta verdadero (V) o falso (F).
- a. Gafas y Ruedas eran amigos del colegio. Ya se conocían.
- b. Paula Sagredo es el verdadero nombre de Gafas.
- c. La escena del robo sucede en el Museo Reina Sofía.
- d. El cuadro de Velázquez robado es el conocido como *Las meninas*.
- e. Ruedas va en silla de ruedas porque lo atropelló un coche.
- f. Paula vive con sus padres.

2 ¿Cómo se conocen Gafas y Ruedas? Elige la opción correcta:
- a. Ya se conocían en el colegio.
- b. Sus padres son amigos.
- c. Chocaron el uno con el otro en el instituto.

3 Contesta a estas preguntas.
- a. ¿Cuántos avisos de bomba hay en la aventura de Gafas y Ruedas? _____ .
- b. ¿Cómo llama el padre de Gafas a su hija? _____ .
- c. ¿Dónde encontró la policía el famoso cuadro robado? _____ .

4 Fíjate en esta escena. ¿Qué crees que significa aquí la palabra *pesado*?

5 ¿Cómo conocen Gafas y Ruedas la noticia del robo del cuadro de Velázquez? Elige la opción correcta.
- a. Lo vieron directamente cuando visitaban el museo.
- b. Lo dijo una vecina del barrio.
- c. Lo vieron por televisión.

6 ¿Cómo suele vestir Gafas? Elige la opción correcta.

    a. Con camiseta de flores.

    b. Con jersey negro.

    c. Con vestido rosa.

7 ¿Por qué crees que Gafas viste con un jersey negro?

8 Fíjate en la viñeta de la página 10 y escribe el trayecto que debe hacer Gafas para llegar al instituto. ¿Tiene que hacer algún trasbordo?

9 ¿Crees que al padre de Gafas le gusta su jersey negro? ¿Por qué?

10 ¿A quién le cuenta Gafas toda esta historia con Ruedas?

11 ¿Por qué se ríen de ella los compañeros del instituto?

12 ¿Qué actividad le gusta hacer a Gafas? Ella dice: "Me pasaba las horas muertas

    ". ¿Te acuerdas?

13 ¿En qué momento se hacen amigos Gafas y Ruedas? ¿Qué le pasa a él?

Escribe un breve resumen.

14 Al final, Gafas y Ruedas son muy buenos amigos. ¿Qué detalle justo del final te hace pensar esto?

15 Fíjate en la expresión "Todo se hace cuesta arriba" de la pág. 13 y observa la imagen con atención. ¿Qué significado crees que tiene?

_____

_____

16 Gafas escribe un diario donde expresa su sensación en su primer día de instituto. ¿Qué crees que significa "entrar con buen pie"?

_____

_____

17 Gafas escucha a los compañeros y compañeras hablar sobre ella al día siguiente de llegar al instituto. Entre otras cosas, escucha "me cae fatal". ¿Puedes escribir una oración con esta expresión?

_____

_____

18 Si has entendido bien las tres expresiones anteriores, relaciona ambas columnas.

1. No me gusta nada el profe de Lengua.	A) Se me hace cuesta arriba levantarme hoy.
2. No me apetece levantarme. Estoy agotada.	B) No he entrado con buen pie.
3. He llegado a clase tarde el primer día.	C) Me cae fatal.

19 Al final de la historia (pág. 49) Gafas y Ruedas declaran en una entrevista lo siguiente: "Sabemos ponernos en el lugar del otro". Marca la palabra que realmente expresa esa declaración.

confianza ⬤   perdón ⬤   empatía ⬤   amistad ⬤

20 "Me pasaba las horas muertas dibujando", explica Gafas en un momento que está dibujando en clase. ¿Qué forma verbal es "dibujando"? Escribe qué te gusta hacer a ti mucho, "¿cómo te gusta pasar las horas muertas?".

_____

_____

_____

21 Gafas está triste porque Ruedas "se mete con ella". Lee los consejos de su padre en la pág. 22 y elige la opción correcta para conocer el significado de esa expresión. Después, conjuga el verbo pronominal *meterse*.

    a. Entrar con alguien en algún lugar.

    b. Tener la misma opinión.

    c. Tratar mal a alguien.

22 Gafas "echa mucho de menos" a su madre y escribe un diario donde le cuenta las cosas que le pasan. Marca un sinónimo de "echar de menos a una persona".

    a. Soñar con esa persona.

    b. Pensar constantemente y con tristeza en esa persona.

    c. Quedar con una persona todos los días.

23 "Hacer la pelota a una persona" es alabar con exageración a esa persona, generalmente por interés, miedo o inseguridad. ¿A qué personaje de esta aventura los compañeros le "hacen la pelota"?

24 En un momento de la aventura, Gafas le cuenta a la policía que durante el simulacro de aviso de bomba Ruedas "lo está pasando mal". ¿Qué crees que significa?

    a. No puede pasar de curso porque no aprueba las asignaturas.

    b. Intenta entrar en algún sitio, pero no puede atravesar la puerta.

    c. Tiene dificultades serias en un momento determinado.

25 Cuando Gafas y Ruedas se hacen amigos, un compañero le recuerda a Ruedas que hay que subir a clase: "Venga, que nos pilla el oso". Ruedas le corrige: "Se dice que nos pilla el toro". ¿Sabes qué significa?

26 "Hablo como me da la gana". Escribe un microdiálogo utilizando esta expresión.

27 ¿Qué es un "novato" o una "novata"?

    a. Una persona a la que le gustan los barcos.

    b. Una persona que es nueva en una situación o una actividad determinadas.

    c. Una persona bondadosa, de carácter amable.

    d. Una persona que es innovadora.

28 "Ser un primo" es una expresión que se utiliza para decir que alguien ha sido utilizado de forma inocente para algo concreto, pero también que ha sigo objeto de alguna broma. ¿En qué enunciado se usa correctamente esta expresión?

    a. Tengo un primo lejano que vive en Japón.

    b. Juan es un primo de Ana muy simpático. Lo conocí ayer.

    c. Le preguntamos al profe de Lengua sobre el examen y nos dijo casi todas las preguntas. Es un primo.

29 "Darse cuenta de algo" significa:

    a. Notar sensaciones en el cuerpo.

    b. Conocer o saber algo en un momento determinado.

    c. Saber contar cuentos o narraciones.

30 Escribe dos oraciones con la expresión anterior: "Darse cuenta".

_____

_____

31 Gafas califica al profesor de Plástica como de "impostor". ¿Por qué?

_____

_____

32 ¿"Has puesto verde" alguna vez a alguien? El padre de Gafas le dice que "va a poner verde al director" por dejar en la calle a los dos amigos. ¿Sabes qué significa? Marca la respuesta correcta.

    a. Regañar y decir lo que se piensa a una persona por no ser responsable.

    b. Pintar de verde la cara de alguien.

    c. Vestir a alguien de color verde.

Soluciones

Antes de la lectura

1. Ruedas es delgado. Tiene el pelo negro, corto y liso. Lleva unas zapatillas deportivas, unos pantalones vaqueros y una camisa de manga corta, de estilo hawaiano.

   Gafas es delgada y lleva gafas redondas. Tiene el pelo castaño, largo y liso. Lleva también unas zapatillas deportivas blancas y azules, unos pantalones negros y un jersey negro de cuello alto.
2. El museo del Prado.
3. La imagen 3.
4. *Las meninas*.
5. El bufón es bajito, gordito, con el pelo muy oscuro y corto. Tiene bigote y perilla. Sus ojos son oscuros. Parece una persona seria, tranquila e inteligente.
6. A pie o en autobús, en tranvía, en coche, en moto, en bici y en tren.
7. Caricatura 3; retrato 1; broma 6; riquísima 2; simulacro 4; talento 5.

Después de la lectura

1. a- F; b - V; c - F; d - F; e -V; f - F.
2. c.
3. a) dos; b) Princesa; c) En la casa del profesor de Plástica.
4. Significa que es molesto y aburrido porque siempre está repitiendo lo mismo.
5. c.
6. b.
7. Porque está triste por la muerte de su madre. El color negro en España es señal de luto.
8. Tiene que ir a la estación de Cuatro Caminos y allí hacer trasbordo a la línea 2. Después tiene que hacer otra estación más hasta llegar a Canal, donde está su instituto.
9. No, porque indica que su hija sigue triste por la muerte de su madre.
10. A su madre en su diario.
11. Porque Álex la critica, se mete con ella, y entonces los demás alumnos hacen lo mismo con ella.
12. Dibujar. Se pasaba las horas muertas dibujando.
13. Cuando se produce un simulacro de anuncio de bomba y Paula se da cuenta de que no Álex no ha salido al patio. Entonces sube a buscarlo.
14. Que se intercambian la ropa.
15. Significa en el sentido literal y figurado que todo le resulta difícil.
16. Empezar bien, sin problemas, una actividad o una nueva etapa.
17. **Posible respuesta**

    No me gusta nada el vecino de enfrente. Nunca saluda y es muy antipático. Me cae fatal.
18. 1 C); 2 A); 3 B).
19. Empatía.
20. Gerundio. Respuesta libre.
21. c. Me meto, te metes, se mete, nos metemos, os metéis, se meten.
22. b.
23. A Álex.
24. c.
25. Significa que tienes ya muy poco tiempo para hacer algo.
26. **Posible respuesta**

    –Pedro, idiota, ¿por qué no me das tu juguete?

    –Juan, no puedes hablar así a tu hermano.

    –Yo hablo como me da la gana.

    –¡Juan! Eres un maleducado.
27. b.
28. c.
29. b.
30. **Posible respuesta**

    - Cuando me he levantado de la cama me he dado cuenta de que anoche me acosté con los zapatos.
    - Mi madre no se dio cuenta de que yo no estaba en casa.
31. Lo llaman impostor porque él se presenta con una identidad falsa, porque no es la persona que él dice que es.
32. a.